MANUEL COMPLET

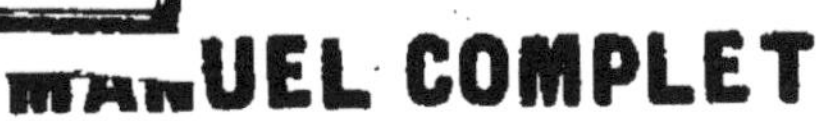

DU

JEÜ DE DOMINOS

suivi de la

RÈGLE DU DOMINO A QUATRE

PAR

Un Habitué du café Molière

PARIS

AU COMPTOIR DES IMPRIMEURS-UNIS

QUAI MALAQUAIS, 15

1845

MANUEL COMPLET

DU

JEU DE DOMINOS

IMPRIMERIE DE J. BELIN-LEPRIEUR FILS,
rue de la Monnaie, 11

MANUEL COMPLET

DU

JEU DE DOMINOS

suivi de la

RÈGLE DU DOMINO A QUATRE

par

un Habitué du café Molière

PARIS

COMPTOIR DES IMPRIMEURS-UNIS

15, quai Malaquais

—

1845

PRÉFACE.

Le jeu de dominos nous vient-il des Chinois ou des Grecs, ou bien a-t-il pris naissance dans l'oisiveté des cloitres? peu importe.

Ce qu'il y a de certain, c'est que ce jeu est des plus à la

mode, et un de ceux dont les règles sont le plus contestées.

J'ai cru faire un travail utile en donnant à ces règles une caution dont personne ne pût récuser la validité : celle du calcul.

En lisant attentivement les quelques pages qui suivent, un joueur novice acquerra en quelques heures une science qui n'était auparavant que le fruit d'une longue expérience.

NOTIONS

NÉCESSAIRES POUR APPRÉCIER LES
RÉSULTATS ÉNONCÉS.

1° La probabilité d'un événement est le rapport du nombre de cas favorables à celui de tous les cas.

2° Si la probabilité d'un événement surpasse $\frac{1}{2}$, il y a lieu de croire que cet événement arrivera, plutôt de croire qu'il n'arrivera pas.

3° Plus cette probabilité augmente, plus le motif de croire augmente : elle croit proportionnellement à cette probabilité.

CHAPITRE I.

DÉFINITION MATHÉMATIQUE DU JEU DE DOMINOS.

Ce jeu se compose essentiellement de petits parallélipipèdes rectangles. Des deux faces qui ont la plus grande aire, l'une est noire et l'autre est blanche; celle-ci est divisée par un trait en deux carrés égaux.

Quelques-uns de ces carrés sont unis : *ce sont les blancs*; les autres, marqués d'un, de deux, de trois, de quatre, de cinq ou de six points noirs, sont désignés sous le nom d'as, de deux... de six, selon le nombre de points qu'ils accusent. Il y a autant de ces parallélipipèdes rectangles ou dominos, qu'il y a de combinaisons deux à deux, avec répétition, des sept caractères 0, 1, 2, 3, 4, 5, 6, c'est-à-dire vingt-huit. La somme de tous leurs points est huit fois vingt-et-un, ou 168 ; et la moyenne est, pour chaque domino, le quotient de 168 par 28, ou 6. Le plus chargé accuse douze points : c'est le *double-six* ; le plus faible n'en indique aucun : c'est le *double-blanc*.

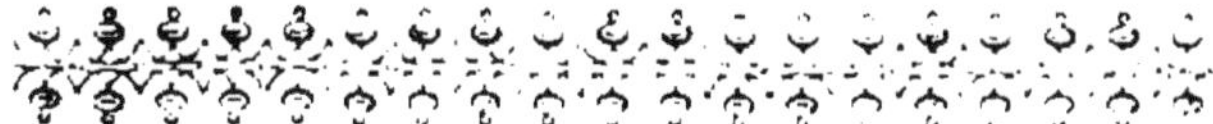

CHAPITRE II.

Les vingt-huit dominos, combinés sept à sept de toutes les manières possibles, donnent 1,184,040 jeux différents.

Quand un joueur a pris une de ces combinaisons, il ne reste plus que vingt-et-un dominos qui donnent, combinés sept à sept, 116,280 jeux distincts. Ainsi le nombre des cas échéants est le produit de 1,184,040 par 116,280 ou 137,680,171,200.

Il ne faut pas regarder ce résultat comme exprimant le nombre des couples différents de jeux qui peuvent exister : il est double de celui-ci ; mais comme la différence de la pose prescrit d'envisager chaque couple sous deux points de vue, le nombre des cas à examiner reste égal à 137,684,171,200.

En expérimentant cent combinaisons par jour, il faudrait 3,824,449 années pour les épuiser toutes ; 654 fois plus de temps, à peu près, qu'il ne s'en est écoulé depuis la création du monde.

CHAPITRE III.

TIRAGE DES DOMINOS.

Afin de nous faire une idée plus nette de ce million de jeux possibles, nous allons considérer la masse de ces combinaisons sous différents points de vue qui nous permettront de les détailler en les classant.

16

Sur   1,184,040 jeux possibles,

Il y en a   501,015 complets.
              556,290 qui boudent à un dé *.
              122,535 qui boudent à deux dés.
                4,200 qui boudent à trois dés.

          1,184,040

Il est impossible qu'un jeu boude
à quatre dés, puisqu'en retranchant
de vingt-huit la somme des quatre
nombres sept, six, cinq, quatre, la
différence est six, nombre de dominos qui ne peut former un jeu.

* Je donne au mot *dé* la même signifi-
cation qu'au mot *nombre*.

Ordonnant les jeux par rapport au nombre de doubles qu'ils contiennent, on trouve :

$$
\begin{array}{rl}
1 & \text{jeu qui a sept doubles.} \\
147 & \text{jeux qui en ont six.} \\
4{,}410 & \text{jeux qui en ont cinq.} \\
46{,}550 & \text{jeux qui en ont quatre.} \\
209{,}475 & \text{jeux qui en ont trois.} \\
427{,}529 & \text{jeux qui en ont deux.} \\
579{,}848 & \text{jeux qui en ont un.} \\
116{,}280 & \text{jeux qui n'en ont point.}
\end{array}
$$

————————

1,184,040

Voici à quelles observations conduisent ces calculs.

La probabilité de tirer un jeu complet est $\frac{1}{2\frac{1}{4}}$ à peu près : cette fraction étant plus petite que $\frac{1}{2}$, un jeu complet est moins probable qu'un jeu qui boude. On ne devra donc pas regarder comme mauvaise une combinaison qui boude à un seul dé, et solliciter un nouveau tirage. Quant à la probabilité de tirer un jeu qui boude à deux ou trois dés, elle est moindre que $\frac{1}{7}$; aussi l'on pourra demander une nouvelle épreuve.

Si on considère les jeux par rapport aux doubles qu'ils contiennent, les plus probables sont ceux qui en ont deux. Cependant la probabilité d'une telle combinaison est $\frac{1}{2}\frac{1}{8}$ à peu près ; elle est moindre, comme on le voit, que la somme de toutes les autres chances. Quand ces deux doubles sont deux des trois plus forts, on fera bien de demander d'autres dominos. On parierait avec avantage un million contre un franc, qu'on ne tirera pas les sept doubles. Une combinaison où entre un fort double second ou troisième, peut constituer un beau jeu, lorsqu'elle a le privilége de la pose; mais elle sera généralement préjudiciable quand elle devra être jouée en second.

La moyenne des points d'un jeu est sept fois six ou quarante-deux : c'est donc à tort qu'on regarde généralement une combinaison qui accuse quarante points, comme un gros jeu.

Ainsi, voilà trois points de vue sous lesquels on peut considérer un

2

jeu. On remarquera 1° le nombre des dés auxquels il boude ; 2° le nombre de ses doubles, seconds ou troisièmes ; 3° le nombre de ses points.

Enfin nous verrons que c'est une qualité pour un jeu que d'avoir un dé quatrième, cinquième, ou sixième, surtout si ce dé n'est pas l'un des trois plus forts.

CHAPITRE IV.

Le tirage des dominos est fait ;
vous connaissez votre jeu : à ce jeu
peuvent correspondre 116,280 combinaisons différentes. Mais, à quelques indices du vôtre, vous pouvez
conjecturer la composition générale
de celui de votre adversaire. Or voici, pour différents cas, dans quels

rapports sont entre eux les jeux possibles.

1° Quand vous boudez à trois dés,
parmi les 116,280 combinaisons correspondantes, il y en a :

106,008 qui ne boudent à aucun de ces dés.
10.248 qui boudent à l'un quelconque.
24 qui boudent à deux.
0 qui boude aux trois.

____

116,280

2° Quand vous boudez à deux dés,
il y en a :

109,424 qui ne boudent à aucun de ces dés.
6,848 qui boudent à l'un d'eux.
18 qui boudent aux deux.

____

116,280

3° Quand vous boudez à un dé, il
y en a :

    5,452   qui boudent au même dé
   21,021   qui ont ce dé premier.
   42,012   qui ont ce dé second.
   55,055   qui ont ce dé troisième.
   12,740   qui ont ce dé quatrième.
    1,911   qui ont ce dé cinquième.
      98   qui ont ce dé sixième.
       1   qui a ce dé septième.
____

116,280

4° Quand vous avez un dé premier, il y en a :

    6,455
   50,050
   45,145
   27,500
    6,825
     650
      15
____

116,280

5° Quand vous avez un dé second, il y en a :

11,440   jeux qui boudent à ce dé.
40,040   jeux qui l'ont premier.
45,680   jeux qui l'ont second.
18,200   jeux qui l'ont troisième.
2,800   jeux qui l'ont quatrième.
120   jeux qui l'ont cinquième.

116,280

6° Quand vous avez un dé troisième, il y en a :

19,448   jeux qui boudent à ce dé.
49,504   jeux qui l'ont premier.
57,128   jeux qui l'ont second.
9,520   jeux qui l'ont troisième.
680   jeux qui l'ont quatrième.

116,280

7° Quand vous avez un dé quatrième, il y en a :

51,824

55,692

25,704

3,060

————————

116,280

8° Quand vous avez un dé cinquième, sur les 116,280 combinaisons correspondantes, il y en a :

50,588   qui boudent à ce dé.

54,264   qui l'ont premier.

11,628   qui l'ont second.

————————

116,280

9° Quand vous avez un dé sixième, il y en a :

7,520   qui boudent à ce dé.
58,760   qui ont le septième.

116,280

De ces calculs découlent les conséquences suivantes :

1° Quand on boude à trois dés, il est impossible que l'antagoniste boude aux trois mêmes dés ; la chance qu'il boude à deux de ces dés est $\frac{24}{116.280}$ ou $\frac{1}{4755}$ à peu près. Enfin, le nombre des jeux qui boudent à l'un quelconque ou à deux quelconques de ces dés, n'étant pas le onzième du nombre total des combinaisons possibles, on devra présumer que l'adversaire ne boude à aucun de ces dés.

Si votre jeu manque de deux dés, il n'y a que huit combinaisons correspondantes qui boudent aux deux mêmes dés. On doit conjecturer que le jeu de l'adversaire ne boude à aucun de ces dés. Quand vous boudez à un dé seulement il y a trente-trois à parier contre un, avec un peu d'avantage, que la combinaison correspondante ne boude pas à ce même dé ; on doit le lui supposer deuxième ou troisième.

2° Un dé premier, second, ou troisième, donne lieu à le supposer premier ou second dans le jeu de l'adversaire. La chance qu'il y boude est respectivement, pour chacun de ces cas : $\frac{1}{18}$; $\frac{1}{10}$; $\frac{1}{6}$. Ainsi, lorsqu'on a un dé troisième, on a encore cinq raisons contre une pour croire que le jeu correspondant ne manque pas de ce dé : dans ce cas, on doit le lui supposer premier, plutôt que deuxième; c'est le contraire pour les cas précédents.

3° Quand on a un dé quatrième, on doit le supposer premier à l'antagoniste : la chance qu'il y boude est $\frac{1}{4}$. Le dé cinquième fait présumer ce même dé premier dans la combinaison correspondante; la probabilité qu'elle y boude est $\frac{1}{23}$ un peu moins de $\frac{1}{2}$. Enfin, si on a un dé sixième, on peut parier deux contre un avec égalité que l'adversaire n'a pas le septième.

Ainsi, en résumé, il ne faut pas espérer, lorsqu'on boude à un ou plusieurs dés, que l'adversaire boude à aucun de ces dés; il est assez indifférent d'ouvrir un dé second ou d'attendre que l'antagoniste l'ouvre; mais un dé troisième, ou mieux accompagné, doit toujours être ouvert.

CHAPITRE V.

DOUBLE CULOTTE.—MAXIMUM ET MINIMUM
DES POINTS D'UN JEU.—FERMETURE.

La probabilité qu'un dé culotte réussisse est, comme on l'a vu au second paragraphe du chapitre précédent, $\frac{1}{18}$: on peut donc parier dix-sept contre un que la culotte n'aura pas lieu. Le nombre d'épreuves nécessaire pour qu'on puisse espérer qu'elle arrivera dans le cours de ces essais, est treize.

Lorsqu'on boude à un dé, la probabilité que l'adversaire ait culotte le double de ce de est seulement $\frac{5005}{116280}$ ou $\frac{1}{387}$. Ainsi, en supposant que le joueur qui pose ait le double-blanc culotte, par exemple, et que son adversaire boude à ce dé : en voyant le jeu du premier, on ne devra pas parier plus de dix-sept contre un que la culotte n'aura pas lieu si elle est tentée; tandis qu'en voyant le jeu du second seulement, on pourrait parier trente-sept contre un qu'elle n'est pas possible. Cette différence provient évidemment de ce qu'il est plus probable de tirer un jeu qui boude à un dé voulu, que d'en tirer un qui ait culotte un double déterminé.

Le plus grand nombre de points
que puisse accuser un jeu est 69 ;
le plus petit 15. Il y a trois combinaisons qui atteignent ce maximum,
et trois aussi le minimum; les voici :

(La première ligne contient les jeux
maximum, et la seconde les jeux minimum.)

(6-6)(6 5)(6-4)(5-5)(6-3)(5-4)(4-4)ou 6-2 ou 5 3)
(0 0)(0-1)(0 2) 1-1 (0 3)(1-2 (2-2)ou 0-4 ou 1-3

———————————————————————————————————

12. 12. 12 12. 12 12 12 12 12

On voit qu'il y a neuf couples de
jeux tels que l'un ait le maximum
de points et l'autre le minimum.
Chaque domino, dans ces combinai-

sons, en a un dans la combinaison correspondante , dont il est, pour ainsi dire , supplémentaire : en d'autres termes, la somme de ces deux dominos est douze.

Ainsi le plus grand nombre de points qu'on puisse faire d'un seul coup est soixante-neuf. Pour cela, il faut trois choses : 1° que l'un des joueurs ait un des jeux maximum ; 2° que l'autre joueur ait le double-blanc culotte ; 3° que la pose soit à ce dernier.

C'est en tenant compte de ces trois considérations, qu'on arrive à la fraction $\dfrac{1}{13\,282\,314}$ pour la probabilité de l'événement composé à un coup déterminé : on parierait donc avec avantage quinze millions contre un qu'il n'arrivera pas. En jouant chaque jour dix parties composées de dix coups chacune, il n'y a pas lieu d'espérer de voir arriver une semblable culotte : aussi chacun de nous doit-il s'attendre à mourir sans avoir pris ou donné soixante-neuf points d'un seul coup.

J'ai fait abstraction du cas où les conditions précédentes étant remplies, le joueur qui a le double-blanc culotte aurait du reste un trop gros jeu pour tenter l'événement ; le maximum des points de quatorze dés est 118, et le minimum 50; mais comme dans les hypothèses actuelles, le joueur qui est le premier doit couvrir le double-blanc, il ne peut pas avoir plus de 43 points dans son jeu.

Lorsque vous voulez fermer le jeu, il faut ajouter le nombre des points qui sont sur la table à celui des points qu'accuse votre jeu, et retrancher cette somme de quatre-vingt-quatre. Si la différence surpasse le nombre des points qui resteront dans votre jeu, fermez; sinon, ne fermez pas.

Il y aurait pourtant une grande imprudence à fermer lorsque la différence ne surpasse que de quelques unités le nombre des points avec lesquels vous compterez : car les avantages qui résultent pour vous, lorsque vous posez, d'une fermeture heureuse, sont de beaucoup inférieurs à ceux que retire votre adversaire d'une fermeture risquée.

Aussi généralement fera-t-on bien de soustraire de soixante-dix au lieu de quatre-vingt-quatre, ce qui suppose cinq au lieu de six pour la moyenne d'un domino. Je dis généralement, parce que si votre partie était compromise et qu'en outre vous fussiez en second, il faudrait vous en tenir à la première règle.

Il pourra ainsi arriver que vous fermiez avec des dominos qui accusent plus que la moyenne.

Supposez, par exemple, que vous

fermiez avec quatre dominos en main , et qu'ils portent trente points. S'il y a cinq dominos sur la table qui n'accusent que dix points, vous aurez, en appliquant la règle, 84 moins 40 égale 44.

La fermeture sera donc raisonnable.

Cependant, il faut, pour que vous gagniez, que votre antagoniste ait au moins trente et un points dans son jeu ; et, comme il n'a que cinq dominos, vous supposez que la somme de leurs points est plus grande que la moyenne qui serait trente ; mais aussi vous savez que votre adversaire boude à un petit dé, considération qui augmente, pour son jeu , le nombre probable de ses points.

Voici un exemple :

Soit A le joueur qui a la pose.

Soit B l'autre joueur.

Jeu de A : (0-0) (1-1) (3-0) (6-4) (5-5) (4-3) (2-1).

Jeu de B : (0-1) (1-3) (6-5) (5-3) (3-3) (4-4) (2-3).

A. B. A. B. A.

(0-0) (0-1) (1-1) (1-3) (3-0).

Il reste à A : (6-4) (5-5) (4-3) (2-1) égalant trente points.

Il reste à B : (6-5) (5-3) (3-3) (4-4) (2-3) égalant trente-huit points.

Donc A gagne trente-huit points.

Il ne faut jamais poser un double-culotte quand on a plus de trente-cinq points dans son jeu : la prudence doit croître en raison de ce qu'on expose. J'excepte le cas où l'on peut regarder sa partie comme perdue.

Le double troisième donne lieu à ce qu'on appelle la *fermeture classique*. Elle arrive quand l'adversaire boude au nombre de ce double. Sa probabilité étant $\frac{1}{6}$, il y a cinq à parier contre un qu'elle n'arrivera pas.

On s'exagère souvent les chances de fermeture : un double-second, par exemple, n'autorise pas à en espérer une. Les meilleures sont celles qui se présentent d'elles-mêmes dans le cours des poses successives.

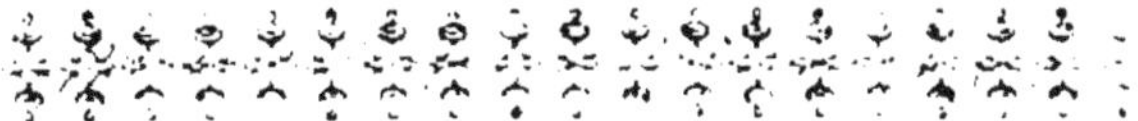

CHAPITRE VI.

PROBLÈME.

Lorsqu'on est en second, et qu'on a un des trois forts doubles deuxième ou troisième, faut-il ouvrir ce double ou attendre que l'adversaire l'ouvre?

La solution mathématique de ce problème serait facile si, au moyen de quelque considération, on pouvait déterminer la probabilité exacte qu'on ouvrira, soit volontairement, soit de force, un dé premier ou second : car on peut regarder comme certain qu'on ouvrira un dé troisième, quatrième ou cinquième. Mais le nombre des circonstances à examiner est si considérable, que ces probabilités me paraissent difficiles à déterminer avec une approximation suffisante.

Cependant les différentes hypothèses que j'ai faites m'ont toutes conduit, avec un plus ou moins grand degré de certitude, à cette conclusion : « Qu'il faut généralement attendre avec un double-second, et ouvrir un double-troisième; qu'en agissant ainsi, il y a presque autant de chances pour garder son double que pour le pousser. »

Ce résultat concorde avec ce que j'ai dit, pour un cas analogue, à la fin du chapitre IV.

Une remarque importante à faire, c'est qu'en n'ouvrant pas un double-second, on risque de donner plus de points qu'en l'ouvrant. Ainsi, quand le domino qui accompagne le double est fort chargé, ou que l'adversaire ne joue plus que pour une vingtaine de points, on fera bien de le poser ; ce serait tout le contraire si l'antagoniste ne jouait plus que pour deux ou trois points.

Lorsqu'étant premier au jeu, vous avez en même temps le double-six

et le double-cinq second, il faut poser le double-six.

La probabilité que votre adversaire ouvre le cinq augmente beaucoup lorsque vous avez la pose, tandis qu'en plaçant d'abord celui-ci,
celle de passer votre double six,
en l'ouvrant, serait la même que
si vous étiez en second. De plus,
quand on a un aussi gros jeu, on
doit donner issue au plus grand
nombre possible de dominos.

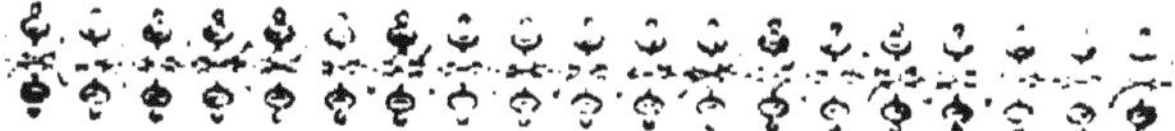

CHAPITRE VII.

DE QUELQUES ILLUSIONS.

1° Une erreur enracinée dans l'esprit des joueurs, c'est de croire que si vous avez un dé cinquième, il est probable que votre adversaire boude à ce dé. On a vu (chapitre IV, 3°) que ce principe est faux ; mais je vais développer cette remarque : sur les 116,280 jeux correspondants, il y en a 50,388 qui boudent à ce dé :

54,264 qui ont ce dé premier, et 116,28 qui l'ont deuxième. Le second événement est donc le plus probable, quand on le compare à chacun des deux autres pris isolément. Il y a neuf à parier contre un que le dernier n'arrivera pas. En faisant la somme des chances de deux quelconques de ces événements, on obtiendra un nombre plus considérable que celui des chances du troisième ; en d'autres termes, chacun d'eux a une probabilité absolue moins grande que $\frac{1}{2}$.

2º Beaucoup de joueurs qui ont la prétention d'avoir acquis, par l'habitude, une manière de seconde vue, disent hautement que le quatrième

dé de leur adversaire étant joué,
ils savent à très peu près quels sont
les dominos qui lui restent.

Rien n'est plus faux : on peut faire
jusqu'à 680 hypothèses à ce sujet.

Le nombre des jeux qui boudent
à trois dés, et qui ont un double-culotte, est seulement de 140, et il n'y
a qu'une combinaison possible ayant
un double-culotte déterminé, et
boudant à trois dés voulus. Ces
combinaisons ont toujours quatre
doubles : elles donnent lieu à un
coup singulier, dont voici un exemple :

Jeu de A : (6-6) (2-2) (2-1) (2-0)
(1-1) (1-0) (0-0).

Jeu de B : (6-5) (6-3) (5-4) ......

Si votre adversaire pose le double-six culotte et que vous posiez successivement : (6-5) (5-4) (6-3), comme il suit :

B.	A.	B.	B.
(3-6)	(6-6)	(6-5)	(5-4)

Vous acquérez la certitude que votre antagoniste boude maintenant au six, au cinq, au quatre, et au trois : dès lors vous êtes assuré que les six dés qui lui restent en main ne peuvent être que le double-deux, le double-as, le double-blanc, le deux-as, le blanc-as, et le deux-blanc.

3° Je suppose que vous ayez six-

quatre et que votre adversaire place
d'abord le double-cinq. Après un
certain nombre de poses alterna-
tives, vous ouvrez le quatre et votre
antagoniste ferme le jeu avec le
cinq-quatre. Beaucoup de personnes
regardent alors la fermeture comme
extraordinaire; mais c'est à tort. Il
y a en effet autant de chances
que le jeu adverse possède le cinq-
quatre que tout autre domino déterminé. Il est vrai qu'il est probable
qu'il boude au quatre, toutefois, si
cela n'arrive pas, il est certain qu'il
a le cinq-quatre; tandis que s'il
avait moins de chances pour bouder
au quatre, il en aurait moins aussi
pour avoir précisément le cinq-

quatre, s'il ne manquait pas de quatre. C'est encore la même confusion d'idées qui fait croire que si, boudant au trois, vous posez le double-six culotte, il est très probable que votre antagoniste placera immédiatement le six-trois. La chance qu'il ait ce domino, comme celle qu'il ait tout autre domino voulu, est $\frac{21}{7}$ ou $\frac{1}{5}$. Cependant, comme il le posera probablement de préférence à tout autre, s'il l'a dans son jeu, on fera bien de ne pas poser le double-six culotte dans cette circonstance.

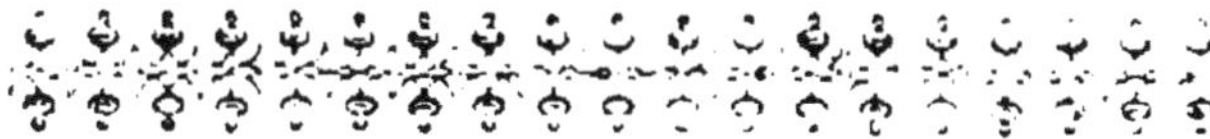

CHAPITRE VIII.

GÉNÉRALITÉS.

Il y a toujours un désavantage réel à être obligé de gagner plusieurs parties à un joueur qui n'en doit gagner qu'une. Pour que l'espérance mathématique de chaque joueur fût égale, il faudrait supposer que le nombre des parties pût être infini; mais si cette hypothèse est admissible en théorie, elle devient absurde dans la pratique. L'inégalité morale des chances est plus grande encore : l'un voit en perspective une lutte dont la longueur peut seule lui probabiliser le succès; l'autre est soutenu par l'espoir légitime de voir, dès la première partie, sa tâche heureusement remplie.

Le mieux serait, quand deux joueurs ne doivent pas la même somme, de fixer *à priori* une partie définitive après laquelle ils accepteraient l'événement, quel qu'il fût. C'est encore ce qu'on devrait faire, toutes les fois qu'on refuse au sort la possibilité de trancher la question d'un seul coup : on empêcherait par là qu'un amusement ne dégéné-

rât en un prolixe et fastidieux la-
beur.

La plupart des joueurs ignorent
combien il est probable qu'ils fe-
ront de parties avant d'arriver à
une solution. Il y a plus lieu d'espérer, toutes chances égales d'ail-
leurs, que de ne pas espérer un résultat décisif au bout de cinq parties
quand l'un des joueurs doit en gagner deux et l'autre trois ; au bout
de sept, quand chacun d'eux doit en
gagner trois ; au bout de douze,
quand ils ont l'un et l'autre quatre
parties à faire.

La probabilité que la partie finira
augmente à mesure qu'on recule la
limite des épreuves , mais cette li-

mite devrait être placée à l'infini, pour qu'on eût la certitude que le sort aura prononcé. Lorsque , par exemple, chacun des joueurs doit gagner deux parties à l'autre, on peut parier un contre un que la lutte sera terminée après le deuxième coup ; trois contre un , après le quatrième ; sept contre un , après le sixième, et ainsi de suite.

CHAPITRE IX.

CONCLUSION.

Comme on le voit, considéré sous un point de vue purement théorique, le jeu de dominos a des règles fixes, basées sur les principes invariables du calcul; mais quand on descend des régions de l'analyse abstraite dans le champ prosaïque de l'application, ces règles, hâtons-nous de le dire, deviennent illusoires.

La principale cause qui rend aléatoire le résultat d'une partie engagée entre deux joueurs de force inégale, est le tirage des dominos : si le plus habile n'amène que des jeux détestables, tandis que son adversaire voit les nombres affecter d'eux-mêmes pour lui les combinaisons les plus favorables, le savoir du premier se brisera infailliblement contre le bonheur du second.

Quelques personnes veulent assigner un rapport entre l'action de la sagesse humaine et celle de la fatalité. Elles disent, en parlant d'un jeu, que la chance y entre pour les deux tiers, les neuf dixièmes, etc. S'exprimer ainsi, c'est vouloir comparer la force d'une mouche à celle de la vapeur, notre intelligence à Dieu, le fini à l'infini.

Non, le hasard n'a rien à démêler avec nos misérables calculs : il s'abstient, ou règne despotiquement.

Deux hommes vont se battre en duel : l'un d'eux est un peu plus adroit que l'autre ; mais un seul des pistolets est chargé, et les armes seront tirées au sort. En théorie, l'avantage du joueur est incontestable, puisque le sort peut aussi bien qu'à son adversaire lui donner l'arme fatale, et qu'alors il est plus sûr d'atteindre son but.

Cependant, qui osera présumer le dénoûment d'un pareil combat? Que servira son adresse au plus habile, s'il n'a entre les mains qu'une arme inoffensive ? Vaine sera la précision de son coup d'œil, et stérile son sang-froid; il recevra la mort d'une main mal assurée, que guidera un œil obscurci par la crainte.

Et puis, lorsque notre raison flotte incertaine entre un grand nombre d'événements possibles, la plus petite différence entre leurs probabilités respectives suffit pour fixer son incertitude. Si cette différence est à peine applicable en chiffres, que deviendra, dans la pratique, l'utilité des règles qu'elle produira ?

Cent millions et une boules sont dans une urne : cinquante millions et une sont blanches, cinquante millions sont noires. Pariez que la première extraite sera blanche, vous dit l'inflexible calcul des probabilités, cette quintescence du bon sens. Allez donc, avec cette donnée, jouer votre patrimoine contre celui d'un favori de la fortune, d'un de ces hommes pour qui entreprendre est réussir, désirer, obtenir.

Si maintenant vous embrassez, sous un point de vue syncritique, la masse des règles énoncées dans les pages précédentes, vous verrez combien peu sont imposantes les probabilités qui les ont déterminées. A ces règles, ajoutez-en d'autres, en observant la marche du jeu de votre adversaire et en remontant des effets à la probabilité des causes. Demandez-vous ensuite ce que deviendront ces présomptions si votre antagoniste, loin de se guider d'après les probabilités plus grandes, prend à tâche d'en renverser les règles. Absurde sera son système; mais les conclusions qu'il vous inspirera ne seront-elles pas absurdes aussi ?

Doit-on inférer de là que la plus grande probabilité est une chimère? Non, sans doute : c'est une des plus belles abstractions de l'esprit humain. Seulement ne sortez pas de la spéculation, et n'oubliez pas que si, par la pensée, vous pouvez vous figurer un monde où les événements s'enchaîneraient d'après une formule, ce monde-là n'est pas celui dans lequel nous vivons.

Donc, jouez, si vous voulez, le jeu de dominos en artiste, en philosophe : pour observer les capricieux effets d'une force aveugle et insaisissable ; pour éprouver les émotions que procurent des combinaisons souvent déçues, quelquefois couronnées du succès ; mais n'allez jamais, confiant dans votre science, risquer des sommes importantes pour vous, contre le bonheur d'un adversaire inepte.

J'ai voulu, par ces considérations, prévenir le reproche de paradoxe qu'on aurait pu me faire, en me voyant assurer que le jeu de dominos est soumis à l'empire exclusif du hasard, puis me livrer à une analyse incomplète, mais suffisante pour ériger en théorie les règles de ce même jeu.

Et je termine en concluant, dans toute la sincérité de mon âme, et sans arrière-pensée aucune, que le jeu de dominos, malgré son air gourmé et sa cravate blanche, n'en est pas moins le cousin-germain du jeu de l'oie.

CHAPITRE X.

PROBLÈMES A RÉSOUDRE.

1° Quel est le type des jeux les plus probables, en considérant une combinaison de sept dominos sous le point de vue collectif : 1° du nombre des dés auxquels elle boude ; 2° de la pluralité de ses dés ; 3° du nombre de ses doubles ; 4° du nombre de ses points ?

2° Quelle est la probabilité que

sur 10 coups on arrivera à la culotte, par un double quelconque, en supposant que l'événement ait lieu toutes les fois que les quatre conditions suivantes seront *simultanément* remplies. Première condition : il faut que l'un des joueurs ait un double-culotte; deuxième condition : que le même joueur ait la pose ; troisième condition : qu'il ne compte pas plus de trente-cinq points dans son jeu; quatrième condition : que le second joueur boude au nombre du double-culotte.

3° Vous avez trois six, sans le double, dans votre jeu; votre adversaire a ouvert deux fois ce dé. Il vous reste actuellement trois do-

minos, et il en reste quatre à votre
adversaire. Quelle est la probabilité
qu'il ait le double-six? ou plutôt
quelle est la probabilité que la pos-
session de ce double soit la *cause
déterminante* qui lui a fait ouvrir
deux fois le six?

CHAPITRE XI.

PRINCIPALES ÉCOLES DU JEU DE DOMINOS.

A cette sèche et rapide analyse j'aurais bien voulu ajouter quelques conseils pratiques, fruits de ma propre expérience ; mais le moyen de se faire écouter quand l'anarchie est déchaînée dans l'empire du domino ? Parmi les adorateurs de ce dieu en vingt-huit personnes, combien de sectes diverses et guerroyantes ! Cent têtes pour apprécier leurs systèmes, cent mains pour les écrire : têtes et mains ne suffiraient pas. Au milieu de ce chaos d'opinions dissidentes, à peine si les preuves chiffrées trouveront quelque créance : ici, comme partout, la voix des passions dominera toujours celle de la logique.

Début épique, en vérité.

Ce n'est pas, en effet, un mince sujet que je vais traiter : impuissant à fonder une nouvelle école, je n'essaierai rien moins que d'esquisser à grands traits celles qui existent déjà. Je dirai donc ce que c'est que l'école romantique et l'école classique ; non pas, oui-dà, celles qui ont Boileau ou Victor Hugo pour maîtres, mais celles qui partagent en deux camps ennemis le peuple magnanime des joueurs de dominos. Écoutez !

L'école romantique, ou la fermeture échevelée, se distingue par son audace : sa méthode est large et féconde. Toujours agressive, elle aime l'imprévu, se précipite comme une avalanche, et vise aux coups de foudre. Jouer, pour elle, c'est fermer : vers ce but tendent tous ses efforts, toutes ses combinaisons. A-t-elle cinquante points dans son jeu, elle fermera : eh ! que lui importe de perdre, pour peu qu'elle en vienne à compter avec son adversaire ? Sa partie est un drame largement charpente. Six fois de suite, elle vous laissera faire des points ; mais prenez garde ! Au moment où vous vous frotterez les mains avec cette joie que donne l'espérance du triomphe, une fermeture désespérée, un double-culotte, double fatal ! fera succéder un morne désespoir à vos jeunes et douces illusions : vous aurez gagné six fois de suite pour faire quarante points, et il vous en prendra soixante d'un seul coup ; ce sera la fortune d'un financier en présence de celle d'un petit marchand.

L'école classique, ou le domino incarné, a les allures d'un vieillard pulmonique et caduc ; elle marche lentement, avec circonspection, appuyée sur le bâton de la prudence. Le dépit vous prend à la voir ainsi, narquoise et fine, profiter de vos moindres fautes, s'emparer des plus petits avantages. « Un petit point pour l'amour de Dieu ! » voilà son éternelle réponse à vos airs de spadassin. Ses dominos s'écoulent sans bruit ; vous lui en croyez encore quatre, qu'elle tient déjà sa marque, et vous dit : Combien? Si elle ferme, c'est avec indécision et tremblement : voire même si elle n'a plus que deux dominos, et que vous en ayez six.

L'école romantique affectionne la partie en soixante ; la classique, celle en cent : elle ne hait pas de jouer sa demi tasse en sept cents, partie liée.

L'école romantique ne compte jamais ses points avant de fermer; la classique les compte dix fois, et ne ferme pas.

L'école romantique tient ses dominos dans une seule main, les pose avec fracas, et écorne notamment le double-six; la classique fait tenir les siens sur la table, les soulève et les place avec maintes précautions. Que si elle aperçoit un double-six ou un double-cinq un peu bien molesté : « Garçon, s'exclame-t-elle, changez ce domino! »

L'école romantique n'ouvre jamais les gros dés : elle les garde pour compter. N'eût-elle qu'un seul six, la classique se hâte de s'en dé- barrasser.

Enfin, si l'école romantique suc- combe, elle brise quelques dominos en les frappant sur la table ; puis elle exhale sa fureur dans un magni- fique dithyrambe en l'honneur de la fermeture, et lâche quelques poi- gnants sarcasmes contre sa rivale heureuse. Lorsque la classique a perdu, elle ne souffle mot, et dissi- mule son aigreur en bâtissant avec les dominos toute sorte de châteaux fantastiques.

« Vous avez perdu ? disais-je à un monsieur qui faisait une querelle

d'Allemand au garçon. — Eh oui !
j'ai été battu. — Par qui donc ? —
Par la *culotte raisonnée.* »

J'appris ainsi qu'il existe une troisième école qui tient, entre l'école
romantique et l'école classique, le
même rang que le gouvernement
constitutionnel occupe entre la ré-
publique et la royauté de droit
divin.

Deux mots sur cette école. Elle
prétend unir « la prudence du ser-
pent à la force du lion. » Mais, entre
nous, la culotte raisonnée, puisqu'il
faut l'appeler par son nom, dépour-
vue de l'ampleur des principes ro-
mantiques et de l'élégante souplesse
des classiques, n'a que des qualités

toutes négatives : foin de ces quali-
tés-là !

Une seule école serait raisonnable; c'est celle des probabilistes :
aussi n'existera-t-elle jamais.

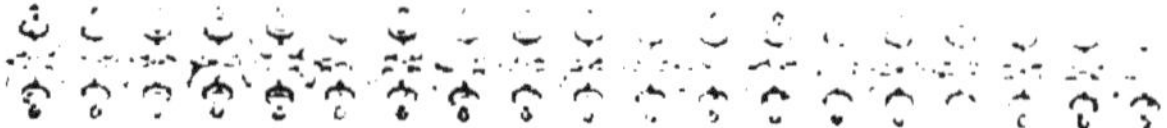

RÈGLES

JEU DE DOMINOS A QUATRE.

—

Le *Domino* à quatre personnes est une partie à partenaires.

Les partenaires se tirent au sort au moyen de quatre dés, de nombre différent, qui sont mêlés et choisis successivement par les quatre joueurs ; celui qui a mêlé les dés prend le dernier. Les deux plus forts dés sont ensemble contre les deux plus faibles. La pose et le choix des places appartiennent au joueur auquel est échu le dé le plus élevé. Les partenaires se placent vis-à-vis l'un de l'autre, le dé le plus faible étant à la gauche du poseur.

On fixe alors la quotité de l'enjeu, puis la nature de la *tournée.*

La tournée est un certain nombre de parties faites alternativement avec chaque joueur : elle est simple, double ou triple, selon qu'elle se compose de trois, six ou neuf parties.

Chaque partie se joue en 100 points ; les deux partenaires qui les premiers atteignent ce nombre, gagnent la partie. Mais ici se présentent trois hypothèses : 1° Quand les 100 points sont réalisés, sans que les adversaires en aient marqué un seul, la partie est *grande bredouille* et se paye triple ; 2° quand les 100 points sont faits sans interruption, mais les adversaires ayant déjà marqué quelques points, la partie est *petite bredouille* et se paye double ; 3o enfin, la partie est simple, lorsqu'il y a eu des points marqués alternativement des deux côtés.

Il va sans dire que chaque joueur est solidaire de son partenaire pour toutes les fautes que l'un ou l'autre peut commettre.

La partie à quatre se joue avec vingt-huit dés.

C'est au poseur à mêler les dés [1] (c'est ce qu'on appelle *faire le ménage*). Chaque joueur prend six dés; quatre dés restent au talon, qui doit toujours être placé à la droite du poseur.

Le premier dé posé, la main passe au joueur qui se trouve à la droite du second, et successivement ainsi de gauche à droite jusqu'à la fin du coup. Quand un des joueurs n'a pas

[1] Les trois autres joueurs ont le droit de remêler les dés chacun une fois ; mais le poseur conserve la faculté de les mêler une dernière fois.

en main de quoi poser sur le dé de l'une ou de l'autre extrémité de la chaîne (1), il annonce qu'il *boude*, et la main passe à son voisin de droite.

Tant que la main n'est pas revenue au poseur, ou, en d'autres termes, tant que le premier tour n'est pas accompli, chaque joueur peut, s'il ne se le rappelle pas, demander quel a été le dé de pose. Chaque joueur peut également, quand son tour arrive, exiger que les autres lui fassent connaître combien il leur reste de dés à jouer.

(1) On appelle ainsi la série des dés successivement assemblés.

Chaque coup se termine de l'une des deux manières suivantes : 1° Ou l'un des joueurs fait *domino*, c'est-à-dire place son dernier dé ; alors il marque (avec son partenaire) les points restés en mains des adversaires ; — 2° Ou le jeu est fermé, parce que tous les joueurs *boudent* ; alors chacun abat son jeu, et les deux partenaires qui ont le moins de points, marquent les points réunis des deux adversaires.

Si les points sont égaux des deux côtés, le coup est nul, et la main passe.

Lorsque l'on abat les dés pour les compter, chaque joueur doit garder les siens devant lui. Une fois le résultat vérifié, de part et d'autre, et les dés de la chaine déplacés, il y a prescription pour toute irrégularité, soit dans le coup, soit dans le calcul des points.

La marque appartient à l'un ou à l'autre des partenaires. Celui qui en est chargé doit, avant de marquer les points nouveaux, constater le nombre des points préexistants, et annoncer ensuite le total. Si l'un des joueurs venait à marquer indûment des points qui n'auraient pas été faits, la galerie (1) pourrait, au

(1) *La galerie* se compose des personnes qui regardent jouer la partie. Généralement elle intervient dans toutes les

défaut des autres joueurs eux-mêmes, dénoncer l'erreur et faire rectifier la marque. Après un coup commencé, on n'est plus admis à marquer les points du coup précédent.

A chaque coup, la pose tourne de gauche à droite, et appartient successivement à chaque joueur tant que dure la partie.

Si le domino est faux, le coup où l'on s'en aperçoit est remis, mais les coups précédents sont maintenus.

difficultés qui s'élèvent entre les joueurs. et les résout à la majorité des voix ; mais il lui est interdit, pendant la durée d'un coup, de rien dire qui puisse favoriser les joueurs ou leur nuire.

Lorsque l'un des joueurs, en prenant les dés, en laisse voir un ou plusieurs, même par mégarde, les adversaires peuvent exiger que le jeu soit mêlé de nouveau.

Le dé de pose placé, si le talon se trouve faux, le coup est nul et la main passe. Le poseur perd ainsi son avantage, parce qu'il est responsable du talon et qu'il ne devait pas jouer avant de l'avoir vérifié.

Quand le poseur, avant de jouer, s'aperçoit que le talon est faux, voici ce qui a lieu : Le joueur, qui a un dé de moins, se complète par un des dés laissés au talon ; mais si un joueur a un dé en trop, un des adversaires tire au hasard dans le jeu

de celui-ci un dé qu'il remet au talon, sans le retourner lorsque ce dé
n'a été vu par personne, ou en le
retournant dans le cas contraire.

Si chacun avait son nombre de
dés , et que le dé manquant fût
tombé à terre, ce dé serait remis au
talon et retourné ; mais si, le talon
étant juste, un joueur n'avait pris
que cinq dés, il se compléterait avec
le dé tombé à terre.

Le talon reconnu exact et le dé de
pose placé, si un joueur n'a pris que
cinq dés ou en a pris sept, on devra
continuer le coup commencé dans
cet état, sauf aux adversaires, le
coup fini, à l'annuler ou à le main-
tenir. En tout cas, la main passe.

Quand, au contraire, un joueur a pris cinq dés, et l'un des adversaires sept, les fautes se trouvent compensées : alors le coup est purement nul et doit être remis, la main restant au poseur.

Aucun joueur ne peut reprendre le dé qu'il a laissé voir, s'il peut aller à l'un ou à l'autre bout de la chaine ; de même qu'il ne peut reprendre un dé placé à un bout, pour le transporter à l'autre bout, quand une fois sa main a quitté ce dé.

Lorsqu'un joueur, ayant en main plusieurs dés, ainsi que son partenaire, en fait voir un, soit en le laissant tomber sur la table, soit en le posant, quoiqu'il ne puisse aller à aucun bout, soit enfin en jouant avant son tour, le dé devra rester étalé visiblement sur la table, jusqu'à ce qu'une occasion se présentant de l'employer, au gré de l'adversaire de droite, celui-ci ordonne qu'il soit placé.

Mais si le joueur laisse voir à tort le seul dé qu'il ait en main, lui et son partenaire devront abattre leur jeu, et l'adversaire, placé à la gaúche du coupable, appellera successivement et à son choix chacun de leurs dés, au fur et à mesure que l'occasion s'en présentera.

Si le partenaire de celui qui a laissé voir son dernier dé n'a également qu'un seul dé en main, la faute

sera sans conséquence, car elle n'aura pu influer en rien sur sa manière
de jouer.

Lorsqu'un joueur annoncera à tort
qu'il fait *domino*, et que, par suite
de cette annonce, un ou plusieurs
dés auront été vus, tous les jeux seront immédiatement abattus, et les
dés seront appelés ainsi que nous
l'avons dit plus haut. Mais, si le
partenaire de ce joueur n'avait plus
qu'un dé, la fausse annonce serait
sans conséquence.

Lorsque, dans le courant d'un
coup, un des joueurs prétendra avoir
vu un dé de ses adversaires, il sera
tenu de le dénommer, au moins d'un
bout ; si la dénomination est fausse,

le dé, mis à part d'abord, sera montré quand viendra le moment de le placer : alors le joueur, qui l'aura mal dénommé, et son partenaire perdront dix points.

Si un dé a été placé, quoiqu'il n'allât pas, le coup sera bon néanmoins, pourvu que ce dé ait été couvert par un autre dé ; seulement, si l'on découvre à qui la faute appartient, le coupable et son partenaire ne peuvent marquer les points qu'ils feraient sur le coup.

Quelquefois il arrive qu'un joueur déclare *bouder,* quoiqu'il ait de quoi jouer : c'est ce qui s'appelle faire une *renonce.* Toute renonce prive ceux qui l'ont faite des points qu'ils auraient pu gagner sur le coup : elle entraîne de plus une amende de vingt points, lorsque celui qui a *renoncé* a eu depuis occasion de rejouer et de bouder.

Toutefois, le joueur qui a déclaré *bouder* pourra revenir sur sa déclaration et placer son dé, tant que le joueur suivant n'aura pas montré le sien ou déclaré qu'il *boude*.

Il n'y a pas de renonce double.

Dans le cas où deux adversaires feraient une renonce réciproque, le coup serait nul, et on remêlerait.

Aucun joueur, lors même qu'il ne lui reste plus qu'un dé à jouer, n'a le droit de regarder le talon.

Une pose prise hors de tour ne peut être valable qu'autant que le poseur aura joué depuis un autre coup, ou aura déclaré qu'il *boude*. Autrement, la réclamation à cet égard sera admise ; le poseur légitime recouvrera son droit, et le dé indûment posé restera étalé à part sur la table, pour être appelé au gré de l'adversaire placé à la droite de celui qui l'aura joué.

Il est formellement interdit aux partenaires de s'éclairer mutuellement par des paroles ou par des gestes ; comme aussi ils doivent s'abstenir de nommer le dé qu'ils jouent ou de dire : « J'en ai. » La

contravention à cette règle donne
aux adversaires le droit de remêler ;
de plus, la main passe, si elle ap-
partenait au coupable ou à son partenaire.

Quand la partie est terminée, si on
change de partenaires, on procède
à un nouveau tirage au sort, qui décide à la fois de l'association, de la
pose et des places, comme avant la
première partie, en observant toutefois que les joueurs qui ont été partenaires ne peuvent plus être asso-
ciés de la tournée. Ainsi, au dernier
tiers de la tournée, le tirage ne
décide plus que de la pose et des
places.

Lorsque les partenaires restent

les mêmes, la pose revient de droit
à celui des perdants dont le tour
était le plus rapproché.

FIN.

Table.

—

Imprimerie de J. Belin-Leprieur Fils.
rue de la Monnaie, 11.

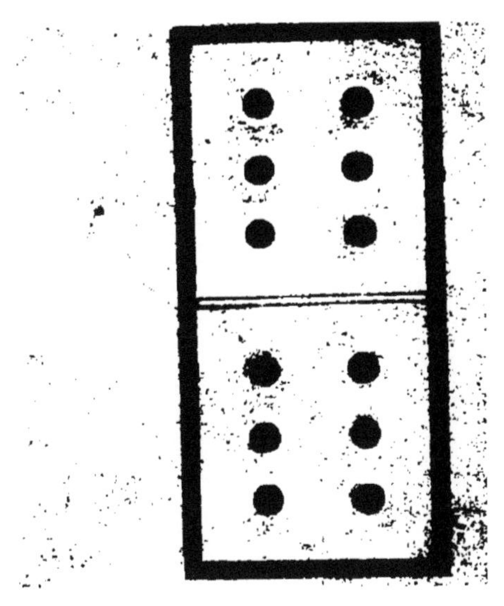

IMPRIM. DE J. BELIN-LEPRIEUR FILS